CAISSE D'ASSOCIATION

FORMÉE PAR LES TRAVAILLEURS.

PROJET

PRÉSENTÉ AU COMITÉ DES TRAVAILLEURS

SIÉGEANT A L'ASSEMBLÉE NATIONALE,

PAR

ERNEST JOLLY.

PARIS

SE TROUVE CHEZ L'AUTEUR, RUE DES AMANDIERS-POPINCOURT, 23.

1848

EXPOSÉ.

Bien des questions sur l'organisation du travail ont été traitées depuis quatre mois ; mais au milieu de toutes les idées qui ont surgi et qui tendaient à y apporter une amélioration, il n'existait que le fond d'une idée généreuse, mais jamais un principe qui pût s'appliquer à la réalisation et cherchât à améliorer le sort des travailleurs.

Le mot organisation, en matière de travail, est un mot vague et dénué de sens. Puis, pour organiser une chose, faut-il encore que cette chose existe.

On n'organisera donc pas le travail, puisqu'il n'y a pas de travail.

On n'aura pas de travail, tant qu'on voudra essayer de l'organiser.

Si l'on veut du travail :

Il ne faut pas laisser l'industriel avec l'expectative

d'une organisation qui l'effraie, qu'il ne comprend pas, et qui l'empêchera de travailler.

Il ne faut pas non plus laisser l'ouvrier se bercer de fausses illusions, en lui promettant ce qu'on ne peut tenir.

J'ai lu dernièrement dans un petit journal qui contient de bien grandes vérités, une phrase ainsi conçue :

« Ils ont cru que des mots, beaucoup de mots, leur seraient comptés pour des actes; ils ont pris des engagements, soulevé des espérances, justifié les prétentions les plus folles; ils sont allés jusqu'à dire l'instant précis où le monde sortirait du chaos, où la société serait refondue, où le grand œuvre serait accompli. Ce devait être pour le lendemain, puis pour le lendemain du lendemain; et cent mille travailleurs étaient là, bouche béante, demandant le prodige qui ne venait pas. »

Eh bien ! cette phrase résume parfaitement la position passée et présente du travailleur depuis le 24 février.

Cette position menace de se prolonger. Il faut l'en empêcher. Pour l'empêcher, il ne faut pas organiser lentement, il faut améliorer de suite. Ce ne sont pas des comités, des enquêtes qu'il faut aux travailleurs; ce qu'il leur faut d'abord, c'est du pain pour eux et leur famille.

Point de pain sans travail.

Point de travail sans confiance.

Non-seulement la confiance chez l'industriel, mais aussi la confiance chez le travailleur, qu'il faut désabuser.

Cette confiance une fois ramenée en lui, son intelligence fera plus que les enquêtes et les comités.

Et puis, quels résultats auront ces enquêtes? combien de temps dureront-elles?

Quelles améliorations apporteront-elles?

Aucune assurément.

Elles prolongeront sa misère et le décourageront entièrement.

Elles lui montreront qu'il est plus malheureux que par le passé, et qu'il le sera davantage dans l'avenir.

Voilà quels seront les résultats; ils ne peuvent être autrement.

Ce qu'il faut aujourd'hui et toujours, c'est d'améliorer la position du travailleur; non pas l'amélioration dans un mois, six mois, un an, mais l'amélioration immédiate, celle qu'il demande et qu'il attend tous les jours.

Fils de travailleur, j'ai consulté des travailleurs, j'ai entendu leurs plaintes et leurs demandes : elles sont toutes raisonnables. Quand on les a appréciées, on ne peut qu'y faire droit.

Le travailleur demande-t-il donc :

L'égalité de salaire?

L'association du maître et du travailleur ?

A vivre et à ne rien faire ?

A gagner un salaire qu'il ne mérite pas ?

A se faire payer le temps qu'il n'emploie pas ?

Non, mille fois non !

Le travailleur est consciencieux ; il ne veut que les choses justes, possibles et réalisables ; il ne veut que ce qui lui appartient.

Il veut la récompense de son travail, le bénéfice de sa peine.

Le travailleur a l'intelligence du cœur ; il sait qui'ici-bas tout doit travailler et pourvoir à ses besoins.

Il vous dit seulement :

Donnez-moi du travail.

Appréciez mes capacités.

Suivant mon intelligence et mon travail, réglez mon salaire.

Apportez à ma famille quelques adoucissements aux privations et à la misère qu'elle endure depuis si long-temps.

Puis, lorsque les années et le travail m'auront trop affaibli, contribuez à me procurer une existence hono-rable.

Mettez-moi dans la possibilité d'élever mes enfants, et de jouir en paix du peu de temps qui me restera pour vous remercier et vous bénir.

Voilà donc ce que demande le travailleur, voilà les

conditions qu'il vous prie d'accepter ; elles sont justes et doivent être prises en considération.

Telle est, je crois, l'*organisation* que l'on cherche depuis quatre mois, qu'on n'a pas encore trouvée, et dont on s'écarte chaque jour de plus en plus.

Je me suis donc posé un problème de l'amélioration à apporter, et j'ai cru entrevoir le moyen d'arriver à une solution immédiate et efficace en même temps.

Dans la combinaison que je propose, sous le titre d'*Assurance mutuelle par le travail*, j'ai voulu joindre l'intérêt matériel du bénéfice à l'intérêt moral du travailleur ; j'ai voulu faire de la masse des travailleurs une nombreuse famille dont chacun d'eux sera le membre, et dont le chef sera les sentiments de son cœur, la probité, la moralité, l'intelligence et l'émulation.

Le principe qui me fait agir, et dont tous les organisateurs se sont toujours écartés, je le puise dans la devise de notre immortelle République : *Liberté*, *Égalité*, *Fraternité !*

Désormais qu'entre le maître et le travailleur elle existe éternellement.

Liberté pour chacun, liberté pour tous, d'agir, de régler et d'établir les questions de travail, de salaire et de temps.

Égalité au sein de cette grande famille de travailleurs où le maître et le travailleur concourront au bonheur de tous.

Fraternité en faisant coopérer le maître au bien-être du travailleur et de sa famille, qu'il verra chaque jour grandir et se fortifier.

J'entends donc faire la part large à chacun, assurer la sécurité à tous, encourager l'industrie, développer l'intelligence, exciter l'émulation, et faire naître enfin dans chaque travailleur ce sentiment si pur de la famille, sentiment qui élève l'esprit et le cœur de l'homme, et l'empêche de s'écarter du vrai chemin que la Providence lui a tracé.

Tels sont les motifs qui m'ont guidé dans le projet que j'ai conçu et que je vais produire plus loin.

J'ai voulu améliorer et non *organiser*. Puisse ma combinaison n'avoir pas la même résultat que tant d'autres, concilier les intérêts de chacun, et profiter à cette classe laborieuse que je veux éclairer et dont j'ambitionne d'améliorer la position, si longtemps méconnue et abandonnée.

PROJET.

ASSURANCE MUTUELLE PAR LE TRAVAIL.

CAISSE D'ASSOCIATION

FORMÉE PAR LES TRAVAILLEURS.

De la formation.

Il serait établi pour chaque corps d'état en particulier un conseil de famille qui remplacerait le conseil de prud'hommes institué à Paris, et en remplirait toutes les fonctions.

Ce conseil de famille examinerait toutes les questions relatives au travail et à l'industrie, c'est-à-dire celles de temps et de salaire.

Il est évident qu'une question relative à un corps d'état quelconque sera mieux appréciée par les membres de son conseil de famille que par la réunion de tous les corps d'état dont se compose actuellement le conseil des prud'hommes.

Il sera établi en France autant de conseils de famille qu'il y a de professions exercées.

Il y aura autant de conseils de famille dans chaque corps d'état qu'il en sera nécessaire pour fonctionner dans toute l'étendue de la France.

Chaque corps d'état en France aura toujours un conseil de famille supérieur aux autres conseils, qui ne seront alors que des succursales de celui-ci et correspondront tous ensemble.

Ce conseil de famille supérieur siégera à l'endroit où le corps d'état qu'il représente aura le plus de développement.

Il ne pourra exister dans une ville deux conseils de famille pour le même corps d'état, quel que soit son développement.

Tous ces conseils de famille ainsi établis en France seront sous la surveillance immédiate du ministère des travaux publics.

Il sera établi à cet effet un bureau spécial pour les diriger.

Des Conseils de famille.

Tous les travailleurs d'un même corps d'état sont les membres du conseil de famille de ce corps d'état.

Dans chaque conseil de famille il y aura un bureau compétent pour toutes les questions législatives et administratives.

Ce bureau, composé de maîtres et de travailleurs, sera ainsi formé :

Un président ;
Deux vice-présidents ;
Vingt membres du bureau.

Le président sera choisi parmi les maîtres ;
Un vice-président, parmi les travailleurs ;
Un vice-président, parmi les maîtres ;

Dix membres, parmi les travailleurs ;

Dix membres, parmi les maîtres.

Le nombre de tous les membres du bureau pourra être diminué en raison de l'importance du conseil de famille et de la quantité des travailleurs qui en font partie.

Les vice-présidences ne sont obligatoires que dans les conseils de famille supérieurs.

Elections.

Le bureau compétent dans chaque conseil sera soumis aux élections et institué pour trois années.

Les élections du président pour les conseils ordinaires seront présidées par le maire de l'arrondissement ou de la commune.

Celles des membres, par le président ;

Celles des président et vice-président des conseils supérieurs le seront par le préfet.

Les présidents et vice-présidents des conseils de famille supérieurs prêteront serment entre les mains du ministre des travaux publics.

Il ne sera nécessaire pour les élections des présidents et vice-présidents des conseils de famille que des voix des travailleurs résidant à l'endroit où siége ce conseil de famille supérieur.

Du travailleur.

Tout travailleur âgé de plus de dix-huit ans et de moins de cinquante-cinq ans, quel que soit le corps d'état auquel il appartient, pourra faire partie du conseil qui le représente.

Il devra, lorsqu'il voudra faire partie du conseil de famille, se faire inscrire immédiatement sur les registres qui seront dressés à cet effet.

Pour la légalisation de son inscription, il devra faire connaître :

1° Ses nom et prénoms ;

2° Son lieu de résidence actuelle ;

3° Sa position de famille et de fortune ;

4° Les capacités dans le corps d'état qu'il adopte et dont il veut faire partie.

Il sera pris à cet égard tous les renseignements propres à éclairer le conseil qui prononcera l'admission.

Cette formalité remplie, le travailleur recevra du bureau un livret qui consignera les renseignements qu'il aura donnés, et qui sera timbré du cachet du conseil de famille.

Aucun travailleur faisant partie d'un conseil de famille ne pourra se présenter dans un atelier quelconque sans produire le livret dont il devra toujours être muni.

Il devra, lorsqu'il entrera dans un atelier, faire constater sur son livret la date de son entrée et de sa sortie.

Il ne pourra changer d'atelier sans que son livret soit visé par le conseil.

S'il arrivait que, par manque de travail, il restât plus de huit jours sans travailler, il devra donner au conseil de famille tous les renseignements sur l'emploi de son temps.

Ces renseignements seront appréciés sur des certificats qu'il se fera délivrer par qui de droit.

Lorsqu'il changera de domicile, il devra en prévenir le conseil, qui fera les rectifications nécessaires.

Il en sera de même lorsqu'il changera de ville, de département, ou de canton. Dans ce dernier cas, il devra indiquer l'endroit où il se rend, afin qu'il puisse trouver aide et protection à sa nouvelle résidence.

Le conseil de famille où il se présentera ne devra l'accepter que sur la présentation de son livret, où sera mentionné l'endroit qu'il quitte et celui où il a l'intention de se fixer.

Tout travailleur, après avoir rempli les formalités de son inscription, et accepté les conditions de règlement et celles des versements qu'il devra faire, comme je l'ai indiqué ultérieurement, aura droit :

1° A siéger au sein du conseil de famille comme membre du bureau compétent ;

2° A recevoir du maître qui l'emploiera dans ses ateliers une plus-value de salaire dans la proportion indiquée plus loin, plus-value qu'il versera au conseil et dont il devient propriétaire ;

3° A participer à l'association formée par tous les travailleurs inscrits ; à jouir de tous ses bénéfices ;

4° A recevoir gratuitement du conseil de famille, en cas de chômage ou de maladie, toutes les indemnités et secours nécessaires, tant pour lui que pour sa famille ;

5° A la jouissance d'une rente annuelle déterminée et calculée d'après les combinaisons indiquées.

Du Maître.

Les maîtres ne font point partie des conseils de famille; ils y apporteront leur concours dans le cas seulement où les élections les appelleraient à être président, vice-président ou membres du bureau compétent.

Ils devront néanmoins faire connaître au conseil de famille qui les représente leurs noms et résidence.

Ils devront donner au bureau tous les renseignements nécessaires qui leur seraient demandés.

Tout maître réglera librement avec le travailleur toutes les questions de travail, de salaire et de temps.

Il sera libre d'employer indistinctement soit des travailleurs inscrits au conseil de famille, soit des travailleurs n'en faisant point partie.

Cependant lorsqu'il emploiera des travailleurs en faisant partie, il devra exiger, dans l'intérêt du conseil de famille, la présentation du livret, qui devra constater :

1° La date de sortie du travailleur de l'atelier où il était occupé précédemment;

2° Le visa du conseil.

Tout maître ayant à se plaindre de la conduite d'un travailleur inscrit à un conseil de famille, et cette inconduite étant la cause pour laquelle il le bannirait de son atelier, devra en donner connaissance au conseil, qui prendra les mesures nécessaires.

Dans aucun cas, le maître ne pourra faire mention sur le livret des observations faites au travailleur.

Tout maître sera tenu envers le travailleur inscrit au conseil de la plus-value de salaire à lui accorder, et dans la proportion indiquée.

Il devra également se conformer aux règlements auxquels il sera contraint, soit pour l'exécution desdits règlements, soit pour les versements et retenue qu'il devra faire et dont il est chargé par le conseil de famille.

Caisse d'association.

Dans chaque conseil de famille il sera établi deux caisses distinctes :

1° La caisse de versement;

2° La caisse de secours.

Caisse de versement.

Dans cette caisse, chaque travailleur inscrit au conseil de famille sera tenu d'y verser la *vingtième* partie de son salaire, quel qu'il soit.

Ce *vingtième* sera augmenté d'une somme égale à la moitié de ce *vingtième* ou un *quarantième*, qui sera versé par le maître qui l'emploiera.

C'est-à-dire qu'un travailleur gagnant 4 francs par jour versera à la caisse un vingtième de son salaire ou *vingt centimes*, augmenté d'un *quarantième*, versé par le maître, ou *dix centimes*, ce qui fera *trente centimes* qu'il déposera réellement à la caisse et dont il deviendra propriétaire.

A cet effet, il sera ouvert sur les registres du conseil

un compte particulier à chaque travailleur, où seront inscrits par ordre de date tous les versements qu'il aura faits.

Le maître qui emploiera le travailleur sera chargé de faire cette retenue d'un vingtième sur son salaire.

Il devra la verser, dans les trois jours qui suivront la paie du travailleur, à la caisse du conseil, en y ajoutant la part pour laquelle il contribue.

Le montant du versement à faire aura dû être fixé d'avance, de manière que le travailleur n'ait qu'à constater la réalité du dépôt fait en son nom.

L'argent ainsi placé par le travailleur lui rapportera cinq pour cent par année.

L'intérêt sera calculé sur la totalité des sommes versées au bout de l'année, et inscrites à son compte.

Lorsqu'un travailleur aura atteint l'âge de cinquante-cinq ans, c'est-à-dire celui où il doit se retirer de l'association, il lui sera fait une rente annuelle basée comme il suit :

Il sera fait un total des sommes inscrites à son compte depuis son entrée dans le conseil ; à cette somme on ajoutera l'intérêt des intérêts cumulés à cinq pour cent, et il sera fait au travailleur sur la totalité une rente annuelle calculée à raison de dix pour cent.

Ainsi, je suppose un travailleur entrant au conseil à l'âge de *dix-huit ans*, travaillant *deux cent cinquante jours* par année et gagnant une journée *moyenne de quatre francs.*

Son salaire au bout de l'année est donc de *mille francs.*

Il verse à la caisse *un vingtième* de cette somme, ou *cinquante francs*, augmenté d'un *quarantième*, ou *vingt-cinq francs* versé par le maître, ce qui fait, en totalité, *soixante-quinze francs* qu'il verse réellement chaque année.

A cinquante-cinq ans, c'est-à-dire au bout de trente-sept ans, il a donc versé la somme réelle de *deux mille sept cent soixante-quinze francs* . . . . 2,775 fr. »

L'intérêt des sommes versées chaque année représente, avec les intérêts cumulés à *cinq pour cent* de ces mêmes sommes, un capital de *six mille cinq cent francs* . . . . 6,500 »

Total . . . . . 9,275 »

En faisant à cette somme l'application, pour la rente annuelle à lui donner, du taux de *dix pour cent*, j'obtiens le chiffre de *neuf cent vingt-sept francs cinquante centimes.*

C'est-à-dire qu'un travailleur entrant au conseil de famille à l'âge de dix-huit ans, en sortant à cinquante-cinq ans, et ayant versé chaque année, pendant trente-sept ans, la somme de cinquante francs prélevée sur son salaire, est assuré d'une rente annuelle de *neuf cent vingt-sept francs cinquante centimes.*

En supposant qu'il n'entre dans l'association qu'à trente ans, il jouirait encore d'un rente de *trois cent soixante-quinze francs.*

Observation. Il ne pourra être versé à l'association d'autre argent que celui des salaires et dans la proportion indiquée.

Caisse de secours.

Les fonds de cette caisse se composeront des intérêts produits par les placements des sommes de la caisse de versement, et seront employés :

1° Pour subvenir à tous les frais d'administration, tels que loyers, frais de personnel, de bureau, d'éclairage, chauffage, entretien, en un mot tous ceux suscités pour la direction et l'établissement de l'administration;

2° A payer les rentes annuelles aux travailleurs y ayant droit;

3° En dons de bienfaisance pour le soulagement des travailleurs nécessiteux, soit pour cause de chômage ou de maladie ;

4° Enfin, le reste de la somme sera capitalisé et rentrera à la caisse de versement.

Placement.

Les fonds de la caisse de versement seront placés en *rentes sur l'État* ou *bons du Trésor* seulement.

Il ne sera pas fait de placement au-dessous de mille francs.

Direction.

Pour la direction de ces deux caisses, et en général pour l'administration dans chaque conseil de famille :

Toutes les questions relatives au salaire, temps, gérance, placement de fonds, leur répartition, les dons de bienfaisance, les secours à allouer, etc., seront résolues par le bureau compétent du conseil de famille.

Il s'adjoindra, pour les questions financières, des hommes capables et propres à l'éclairer.

Un agent de change sera attaché à chaque conseil et aura voix délibérative dans les questions relatives au placement des fonds.

Pour la question de l'administration, il sera attaché à chaque conseil deux secrétaires ou caissiers, et deux commis-adjoints qui seront rétribués et toujours permanents au bureau.

Il sera créé, dans chaque conseil, un comité de bienfaisance qui sera chargé de s'enquérir de la position des travailleurs nécessiteux. Il fera, au bureau, toutes les demandes d'indemnités qu'il jugera nécessaires, mais qui seront toujours appréciées par le conseil de famille.

Ce comité se composera de vingt travailleurs, et sera présidé par un des membres du bureau compétent.

Ces membres seront nommés par le président du conseil de famille.

Ils devront tous les mois rendre un compte exact de leur mission, et en informer le bureau par un rapport.

Le conseil supérieur siégera le premier dimanche de chaque mois, pour examiner toutes les questions administratives.

Il se réunira les 15 de chaque mois pour toutes celles législatives, c'est-à-dire les questions de travail, de salaire et de temps.

Dispositions transitoires.

1° Dans le cas de décès de l'un des membres du conseil de famille ayant moins de cinquante-cinq ans :

S'il est garçon, la moitié des versements qu'il aura faits restera à l'association, l'autre moitié sera rendue à sa famille.

S'il laisse une femme veuve sans enfants, il sera accordé à sa veuve une rente annuelle calculée comme il est indiqué précédemment, en raison des sommes versées par son mari. Cette rente sera payée à la veuve toute sa vie durant.

S'il laisse une femme veuve avec un ou plusieurs enfants, il leur sera restitué seulement toutes les sommes qu'il aura versées réellement.

2° Dans le cas de décès de l'un des membres d'un conseil de famille au-dessus de cinquante-cinq ans :

S'il est garçon, sa rente s'éteindra et rentrera à l'association.

S'il laisse une femme veuve sans enfants, il sera accordé à sa veuve, sa vie durant, la moitié de la rente dont il jouissait.

S'il laisse une femme veuve avec un ou plusieurs enfants, il leur sera restitué la somme réelle qui avait servi à former la rente dont il jouissait.

3° Lorsqu'un travailleur faisant encore partie du conseil de famille ne pourra, par suite de blessure ou d'infirmité, continuer de travailler, il lui sera fait une rente calculée comme il est indiqué précédemment. Si cette rente est moindre de 500 francs, il lui sera accordé le surplus par le conseil. Mais en cas de décès :

S'il laisse une femme veuve sans enfants, il sera accordé à sa veuve la rente réelle qui lui revenait.

S'il laisse une femme veuve avec un ou plusieurs enfants, il leur sera restitué la somme qui avait servi à former la rente réelle qui lui revenait.

4° Lorsqu'un travailleur inscrit à un conseil de famille voudra n'en plus faire partie et se retirera pour quelque motif que ce soit, il lui sera restitué toutes les sommes qu'il aura versées.

Dans ce cas, il ne lui sera tenu aucun compte d'intérêts, et il ne pourra rentrer dans le conseil de famille.

5° Tout travailleur inscrit à un conseil de famille, commettant un acte d'improbité, sera immédiatement exclu de l'association.

Il sera livré à la justice, et ne rentrera au conseil de famille qu'après son acquittement prononcé ou l'expiration de la peine qui lui aura été infligée.

Dans le cas d'acquittement, il ne perdra rien de ses droits à ses versements.

Dans le cas de peine infligée, il perdra l'intérêt desdites sommes, depuis le jour de son entrée au conseil, jusqu'au jour où il y rentrera.

6° Pour exciter l'émulation des travailleurs, il sera fait chaque année un relevé des sommes versées par chacun d'eux, et les cinquante membres qui auront opéré le plus fort versement recevront chacun, à titre de gratification, une somme de cinquante francs, qui sera ajoutée à leur compte respectif. Cette gratification sera prélevée sur la caisse de secours, et passera après le payement des rentes annuelles.

7° Les maîtres devront adresser leurs demandes d'ouvriers au conseil de famille, qui saura le nombre d'ouvriers disponibles, et se chargera de lui en fournir.

8° Tous les conseils de famille, correspondant tous ensemble, devront s'enquérir des localités où il y aurait besoin de travailleurs, et en prévenir celles qui, par le manque de travail, auraient des travailleurs inoccupés. Il sera dressé à cet effet, dans chaque conseil, un tableau où seront indiquées les localités manquant de travailleurs.

Tout travailleur quittant une localité, par manque de travail, pour aller travailler dans une autre, sera indemnisé par le conseil de famille de ses frais de voyage.

9° Il sera attaché à chaque conseil de famille un médecin et un avocat. Ils devront tous leurs soins à chaque membre, et seront payés par l'administration.

Le système que je viens de développer s'appliquant aux travailleurs entrant à l'association à l'âge de dix-huit ans, j'ai dû combler une lacune existante pour les travailleurs plus âgés, que j'ai divisés en trois catégories :

1° Ceux de 18 à 30 ans ;

2° Ceux de 30 à 55 ans ;

3° Ceux au-dessus de 55 ans.

1° Tout travailleur de 18 à 30 ans pouvant, même en entrant à l'association à l'âge de 30 ans, jouir d'un revenu convenable, rentre dans le projet que je viens de développer.

2° Tout travailleur au-dessus de 30 ans et au-dessous de 55 ans entrant dans le conseil de famille dans l'intervalle de ces vingt années, aurait, inscrites à son compte, toutes les sommes antérieures qu'il aurait pu verser depuis l'âge de 30 ans jusqu'à l'époque où il entrerait dans le conseil de famille.

La somme à inscrire par chaque année à partir de 30 ans serait de *soixante-quinze francs*.

Il continuerait alors, à partir du jour de son entrée, à faire les versements exigés, et rentrerait dans les conditions ordinaires.

3° Tout travailleur au-dessus de 55 ans, ne pouvant plus dès-lors faire partie du conseil de famille, recevrait une rente annuelle de *trois cents francs*.

S'il arrivait que le nombre de ces travailleurs fût trop nombreux et que l'association formée ne pût subvenir immédiatement à cette rente, il serait fait, en dehors des versements ordinaires, une collecte à laquelle viendraient concourir le maître, le travailleur, et l'État même, s'il était nécessaire, pour subvenir à cette première dépense.

A l'égard de ces travailleurs, il sera pris sur leur compte tous les renseignements nécessaires qui feront connaître leur position de famille et de fortune, et la rente de *trois cents francs* pourrait être diminuée en raison de ces renseignements.

Ces appréciations seront soumises au bureau compétent, et seront l'objet d'un sévère examen.

Tel est le système d'amélioration que je viens proposer aujourd'hui. Je le crois établi sur des bases larges et embrassant une grande généralité. Il peut s'appliquer à tous les corps d'état existants de l'industrie et de l'agriculture, soit pour les hommes, et même pour les femmes, soit qu'ils travaillent à la journée, à la semaine, au mois, soit à leurs pièces, ce qui se fait dans certaines professions.

A l'appui de la possibilité de la réalisation, viennent les résultats que je crois pouvoir tirer de mon système :

Garantie et assurance à tout travailleur :

De jouir, après une laborieuse carrière, d'une rente honorablement acquise par son travail et sa capacité ;

D'obtenir désormais pour lui et sa famille tous les secours nécessaires ;

D'être en temps de chômage à l'abri du besoin et des privations ;

Garantie et assurance pour le maître :

De rencontrer toujours des travailleurs honnêtes et laborieux ;

De voir dans ses ateliers l'émulation, l'intelligence et la capacité, ramenant le travail abandonné depuis si longtemps ;

Garantie et assurance pour tout le monde :

De voir cesser l'affreuse misère existante actuellement ;

De voir revenir l'ordre et la tranquillité ;

De voir reprendre le commerce ébranlé ;

De voir s'accroître la prospérité de la France, qui seule peut concourir à l'affermissement de la République.

PARIS. — IMPRIMERIE CENTRALE DE NAPOLÉON CHAIX ET Cie, RUE BERGÈRE, 8.